Pimmer • Harmonielehre-Aufgabensammlung

Hans Pimmer

DIE GROSSE HARMONIELEHRE-AUFGABENSAMMLUNG

Ein Übungs-, Studien- und Prüfungshelfer
mit mehr als 2000 Aufgaben und Übungen
für Anfänger und Fortgeschrittene

Mit Übersichten zu Übungsweisen, Erscheinungsjahren,
Geschichtsentwicklung und Titeln der Harmonielehre
sowie Quellenhinweisen

AKADEMISCHER VERLAG MÜNCHEN · 1999

Die Deutsche Bibliothek – CIP-Einheitsaufnahme

Pimmer, Hans:
Die große Harmonielehre-Aufgabensammlung : ein Übungs-,
Studien- und Prüfungshelfer mit mehr als 2000 Aufgaben und
Übungen für Anfänger und Fortgeschrittene. Mit Übersichten zu
Übungsweisen, Erscheinungsjahren, Geschichtsentwicklung und
Titeln der Harmonielehre sowie Quellenhinweisen / Hans Pimmer.
– München : Akad. Verl., 1999
  ISBN 3-932965-25-6

© Akademischer Verlag München
  Paul-Heyse-Str. 31a
  80336 München
  Fon: 089/51616151
  Fax: 089/51616199

Gesamtherstellung: dm druckmedien, München, Fon: 089/51616100

Für wen ist diese Harmonielehre-Aufgabensammlung?

Nicht nur Ü b u n g s - , sondern ebenso S t u d i e n - und P r ü f u n g s h e l f e r ist diese Harmonielehreaufgabensammlung

für

- Selbst-, Einzel-, Gruppen- sowie Klassenunterweisung

- in die Harmonielehre bereits eingeführte Musikschüler

- Musiklehrende wie Musikstudierende

- in der Musikpraxis stehende Musiklehrer, Liedbegleiter, Organisten, Komponisten, Arrangeure

- (Musik)Pädagogik- oder Kunststudierende

- Musikliebhaber und die an Musik Interessierten

Für die Aufgabenauswahl wurden die gefragtesten Harmonielehren der Epoche, teils auch mit ausgesprochener Langzeitaktualität (wie E. Fr. E. Richter, Lehrbuch der Harmonielehre, 1853, 34. Aufl. 1948) bevorzugt.

*Unbearbeitet übernommene Aufgaben sind im authen-
tischen Nachdruck den Originalquellen entnommen.*

Wie kann geübt werden?

Harmonisiere *schriftlich*
(ev. mehrere Lösungen zu einem Beispiel)

*

Harmonisiere *am Klavier spielend*
(vorher die Stimmführungsregeln überdenkend)

*

Transponiere die fertigen Sätze
(1 Halb-, 1 Ganzton höher, tiefer)

*

Harmonisiere und transponiere
im Spielen gleichzeitig (vor allem einfache Aufgaben)

*

Versuche die (Sopran)Intervalle gelegentlich *melodisch interessanter* (: Figuren) zu *gestalten*

*

Nutze neben dem *Liedanhang* auch aufgeführte *Lieder-sammlungen* und *Generalbaßschulen* zum *Üben*

Wann erschienen die Harmonielehren?

1853	Richter		1890	Jadassohn
1853	Sechter		1890	Riemann
1853	Hauptmann		1891/92	Bruckner
1860	Hiller		1892	Loewengard
1866	v. Öttingen		1893	Riemann
1868	Hauptmann		1893/94	Bruckner
1868	Tiersch		1895	Jadassohn
1869	Lobe		1903	Capellen
1872	Riemann		1904	Seydler/Dost
1874	Tiersch		1904	Rischbieter
1874	Brosig/Thiel		1905	Halm
1875	Bussler		1905	Schreyer
1876	Tiersch		1905/06	Riemann
1877	Thürlings		1906	Wiltberger
1877	Riemann		1906	Schenker
1879	Kistler		1907	Mayrhofer
1879	Hostinsky		1908	Louis/Thuille
1879	Rischbieter		1908	Mayrhofer
1879	Richter		1908	Capellen
1880	Riemann		1910	Manderscheid
1882	Riemann		1911	Bösenberg
1882	Rischbieter		1911	Schönberg
1888	Rischbieter		1911	Ziehn
1888	Ziehn		1911	Jadassohn
1889	Bussler		1911	Heinze/Osburg
1889/90	Bruckner		1913	Kurth
1889	Piel		1913	Loewengard

Warum diese Harmonielehre-Aufgabensammlung?

SPEZIELLE ABSICHT dieser Handreichung ist die Bereitstellung von möglichst umfangreichem Übungsmaterial, das ansonsten nur nach zeitaufwendigem Aufsuchen greifbar wäre. Ebenso bietet sich die Gelegenheit, unterschiedliche Harmonie-, Akkord- bzw. Stufenbezifferungen kennen- und ausführen zu lernen.

GEWÄHLTER ZEITRAUM der ausgesuchten Harmonielehren, die als Quellen für die Aufgaben dienten, ist bewußt von 1853 (1879) bis 1911 gewählt, beginnend mit einem signifikanten Synthesestadium der Harmonielehregeschichte bei E. Fr. E. Richter (1808 - 1879) und endigend mit der wohl umfassendsten Harmonielehredarstellung überhaupt bei Schönberg (1874 - 1951).

DEFINIERTER CHARAKTER der Publikation als nur-Übungsmaterial will in Unterscheidung zum bewußt knappen Darstellungszweck z. B. von Marx/Bayers "Harmonielehre" (Regelbuch), 1934, gesehen werden; auch, indem diese Aufgabensammlung eine andere Auseinandersetzung mit der Harmonietheorie will als etwa ein neuer Methodenentwurf (Riemann, 1880), eine Studie zur neueren Musik (H. Erpf, 1927) oder ein musikhistorischer Essay zu Wagner (M. Vogel, 1962) bzw. eine monographische Behandlung von Rameaus Harmonievorstellungen (H. Pischner, 1963) oder die Untersuchung über die Entstehung der harmonischen Tonalität (C. Dahlhaus, 1967), eine eingehende theoriegeschichtliche Arbeit.

AKTUELLEN BEDARF deckt diese Harmonielehreaufgabensammlung vor allem durch die Vielfalt der Aufgabenstellungen. - Speziellen Einblick ermöglicht diese Aufgabenauswahl, indem die Harmonielehre immer auch die stilistischen Elemente ihrer zeitgenössischen Musik reflektiert. So wird im spätromantischen Satzbild gesteigertes Ausdrucksbedürfnis bis zum Auskosten des Reizes der charakteristischen Klangreibung angestrebt. Zunächst die näheren, dann die weiteren Terzverwandtschaften geben der Harmonik immer neue Leuchtkraft, wie oft tonal ferne Akkorde in ihrer irisierenden Farbenfolge besondere Seelenszustände ausdrücken (U. Michels, 1987). Erweiterte Tonalität, Spannungschromatik, Neigung zu unbestimmten, verschleierten Klängen durch häufige Vorhaltsbildungen, Führung dissonanter Spannungen, oft ohne Lösung in neue Spannungsklänge (W. Kolneder, 1983) - selbst in weit ausschweifenden Modulationen oder in solchen, bei denen die Tonart bei Spannungsmomenten in der Schwebe gelassen wird -

10

bringen die klassische Harmonik in eine 'Dissonanz der Tonalitäten', worin die geschichtlichen Keime zur späteren Tonalitätsspaltung und -auflösung (H. J. Moser, 1942) zu sehen sind.

Wer gestaltete diese Harmonielehre-entwicklung mit?

Die Kenntnis der Harmonielehre galt im 19. Jahrhundert als Voraussetzung für die Erlernung des Kontrapunktes (F. Hiller, 1860). Deshalb war damals die Theorie der Musik primär Harmonielehre. Dies rückte die Unterweisung in der Harmonielehre methodisch in den Vordergrund und trug so etwa ab zweiter Jahrhunderthälfte zur Förderung dieser Lehrbuchgattung entscheidend bei. Die anhaltend große Nachfrage verschaffte etlichen dieser Unterrichtswerke besonders hohe Auflagenzahlen bis zu 34 Auflagen (so E. F. E. Richter, 1853; W. A. Rischbieter, 1879?, u. S. Jadassohn, 1883). Auch im ersten Jahrzehnt des 20. Jahrhunderts ist bei insgesamt reduzierten Auflagenfolgen wieder ein diesbezügliches Ansteigen bei weiteren Harmonielehreausgaben zu registrieren, so bei den Publikationen von H. Riemann, Seydler/Dost, Louis/Thuille sowie von P. Manderscheid. Diese damals also am meisten verbreiteten und viel benützten Harmonielehren bieten sich auch hier zur besonders förderlichen Aufgabenauswahl und -bearbeitung an.

An der inhaltlichen Entwicklung, sprich am Weiterausbau der Harmonielehre (E. Bücken, 1940) dieses Zeitabschnittes waren die deutschen Musiktheoretiker Gottfried Weber, Moritz Hauptmann, E. F. E. Richter, v. Öttingen, Hugo Riemann vorzüglich beteiligt. Arthur von Öttingen stellte in seinem "Harmoniesystem in dualer Entwicklung" (1866) der Obertonreihe eine Untertonreihe entgegen -, ein Befund, der allerdings wegen des fehlenden akustischen Erweises den Widerspruch der exakten Wissenschaft finden sollte. Eingehende Auseinandersetzung mit der Harmonie ist Hugo Riemann zuzuschreiben, der, ausgehend von Rameau (1722) (auch J. D' Alembert, Elémens de musique théorique ... de Rameau, 1752, dt. v. Fr. W. Marpurg, Hrn. d' Alembert ... Systemat. Einleitung ..., 1757), seit 1888 die funktionelle Harmonielehre ('musikalische Logik') bis in ihre kompliziertesten Verästelungen ausbaute. Neben den "Beiträgen zur Modulationslehre" seines Schülers Max Reger (1903, 10. Aufl. 1917, 12. Aufl. 1919, 15. Aufl. 1921) als relevantem Bezugspunkt sei zusammenfassend auf die bekanntesten von Riemanns einschlägigen Arbeiten hingewiesen, so auf

Musikalische Logik LZfM
LXVIII (1872)

Musikalische Syntax.
Grundriß einer harmonischen Satzbildungslehre (1877)

Skizze einer neuen Methode der Harmonielehre (1880) (umgearbeitet als Handbuch der Harmonielehre, 1887, 10. Aufl. 1929)

Die Natur der Harmonik (1882, Vortrag)

Katechismus der Harmonielehre (Handbuch der Harmonie- und Modulationslehre, 1890, 8. Aufl. 1920)

Vereinfachte Harmonielehre oder die Lehre von den tonalen Funktionen der Akkorde (1893, 3. Aufl. o. J.)

Problem des harmonischen Dualismus (1905)

Elementarschulbuch der Harmonielehre (1906, 2. Aufl. 1915)

14

Zu Riemanns Arbeiten in der Harmonielehre - ursprünglich als Anfang einer Reform des Musikunterrichts gedacht - steht Anton Bruckners edierte musiktheoretische Lehrtätigkeit in einer zeitlichen Entsprechung (die ersten 19 Vorlesungen an der Wiener Universität 1889/90, Harmonielehre und Kontrapunkt 1891/92, noch 1893/94). - Neben T, D und S als die drei Funktionen der Harmonie begriff Rameau bereits die Modulation als einen Wechsel dieser Funktionen. In welcher Grundrichtung auch die Harmonielehren von Öttingen (1866), Tiersch (1868), Hauptmann (1873, 2. Aufl.), Hostinsky (1879), Ergo (1891), Schreyer (1905), Kurth (1913 und 1920), Krehl (1923) sowie Mayerhofers Zellentheorie zu sehen sind (Riemann / Einstein 1922). Den Begriff Funktionstheorie soll hier eine Gegenüberstellung von H. Chr. Kochs Vorstellung der 1., 4. Und 5. Stufe als "wesentliche", der 2., 3. und 6. Stufe als "zufällige" Dreiklänge (bei beginnender Differenzierung) mit H. Riemanns (1872) Festschreibung erhellen, den Stufen 1, 4 und 5 als den "Hauptfunktionen" hätten sich die anderen Akkorde unterzuordnen. Sozusagen im Nachsatz dazu treffen Louis/ Thuille (9. Aufl. 1927) die weiterführende Spezifizierung: Nur Dreiklänge mit reinen Quinten können 'funktionstragende' Fähigkeit haben. Wohl als Ausgangspunkt der Funktionstheorie, genauer Stufentheorie überhaupt, mag bereits G. Webers (1817) "Grundtonidee" (Basse fondamentale, Fundamentalbaß), die Terzschichtung der

15

Drei- und Vierklänge sowie deren Bindung an eine Dur- oder Molltonleiter gesehen werden, eher als interessantes Detail M. Hauptmanns (1853) dialektischer Begriff von Oktav-Quint-(Moll)Terz als Einheit, Entzweiung, Einigung. Es ist sicher in diesem Zusammenhang berücksichtigenswert, daß Hauptmann wie Weber, unter dem Einfluß der idealistischen Philosophie Hegels, bei der Formulierung ihrer Musiktheorie einem 'Systemzwang' unterlagen; etwa, wie A. J. von Öttingen (1866) und H. Riemann (1880), geleitet von naturwissenschaftlichem Geist und induktiver Methode, sich, wie auch immer gefaßtem, wissenschaftlich sich verstehenden System verpflichtet fühlten. Gleichfalls ein weiterer Horizont tut sich kund, wo die Arbeiten eines E. Kurth (1913), die Theorie, Philosophie und Geschichte miteinander verschmolzen, neue Förderung brachten, wie die jenes H. Schenker (1906), (J. Wolf, 1925/29), eines Schülers Bruckners, der durch Zurückführen der Kompositionen auf einen 'Ursatz' und durch Herausstellen einer 'Urlinie' zum tieferen Verständnis eines Werkes kommen wollte. Es war Kurths Grundgedanke der Harmonie, alle Tonereignisse auf Klänge zurückzuführen, der zusehends unter Kritik geriet. Bei Kurth (1920) zerfiel in der Harmonik die Beziehung zum Zentralklang seit der 2. Hälfte des 19. Jahrhunderts so immer mehr, wie Schenker den betont neutralen Stufenbegriff aus seiner engen Bindung an einen Dreiklang herausnahm: Nicht jeder Dreiklang ist mit einer Stufe identisch. 'Die Stufen bilden eine abstrakte Einheit, ..., von denen jede einzelne sich als selbständiger Dreiklang oder Vierklang betrachten ließe'. Ebenso definierten die Stufen bei Schenker übergeordnete, bisweilen mehrere Harmonien umfassende Zusammenhänge (in Anlehnung daran Hindemith, 1937: 'Stufengang').

In einer derart strukturierten harmonischen Entwicklung mit deutlichen Auflösungstendenzen markiert das Zwölftonereignis A. Schönberg (um 1910) mit den drei atonalen drei Klavierstücken op. 11 (1908/9) und seiner im Kern "klassischen" Harmonielehre (1911, 3. Aufl. 1922, 5. Aufl. 1960) eine harmoniegeschichtliche Zäsur; wobei nur zu Ende des umfangreichen Lehrwerks u. a. seine schwebende und aufgehobene Tonalität sowie Quartenakkorde zur Sprache kommen. Die ursprüngliche Harmonielehre hat so ihre eigentliche Bedeutung als Theorie von der Harmonie aufgegeben; zusammen mit dem Kontrapunkt gehört sie heute der (Ton)Satzlehre (P. Hindemith, 1940) an.

Nach einer, der vertiefenden Übung der Harmonielehre dienenden, Überschau von 1853 bis 1913, begegnet man heute noch für die Harmonielehre ihrem praktischen Zweck nach begrifflichen Festschreibungen wie 'Handwerkslehre' (A. Schönberg) oder 'Unterweisung' (P. Hindemith). Die Bezifferung, ein konkretes Element dersel-ben, wie eben gebräuchlich, ist in den zu bearbeitenden Aufgaben in ihren verschiedenen Versionen kennenzu-lernen. Hierzu nachfolgender Beispielvergleich zur dies-bezüglichen Ableitungsweise an ähnlichen Modulations-verläufen aus H. Riemanns Handbuch des Generalbaß-spiels (4. Aufl. 1917) und seines Schülers M. Regers Mo-dulationslehre (15. Aufl. 1921):

Tonika a-moll; Umdeutung dieses a-moll
zur Mollunterdominante von E-dur. (Cadenz!)
[a^I (= $E^{IV\natural}$), $EV^{5\natural}_{\sharp\sharp}$, E^I]

Die Riemannschen Akkordbezeichnungen sind aus denen von G. Weber und A. v. Öttingen (1866) hervorge-
gangen, d. h., Riemann knüpfte speziell mit seinen
Funktonszeichen an der Buchstabenschrift an, die Weber für die Akkorde verwendete. Der römischen Stufenbezeichnungen wiederum, die Weber von G. J. Vogler
(1800) übernommen hatte, bediente sich E. F. E. Richter
(1853), um sie mit den Generalbaßziffern herkömmlicher
Art zu verbinden. Louis /Thuille (1907) behielten die We-
berschen Stufenbezeichnungen bei. Somit hat Richter
die heute gültige Synthese in der Harmoniebezeichnung
vollzogen. Mit seinem besonders auflagenstarken "Lehrbuch der Harmonie", bis in die Zeit von Hábas Viertelton-
musik und Honeggers Pacific 231 an die 70 Jahre im
Unterrichtsgebrauch, soll diese Aufgabensammlung beginnen.

Figura ist in Musicis ein gewisser Modulus, so entstehet aus einer/ oder auch etlicher Noten Zertheilung/ und mit gewisser Ihm anständiger Manier hervor gebracht wird.

W. C. Printz, Phrynidis, 1696

In engerm Verstande aber versteht man durch Figuren, die Anwendung der Setzmanieren wo wir es mit der blossen Mechanik der Figuren zu thun haben.

Fr. W. Marpurg, Anleitung, 1765

Etwas Zierrath muß man seinen Melodien beylegen, und dazu können die häufigen Figuren oder Verblümungen aus der Rede-Kunst, wenn sie wohl angeordnet werden, vornehmlich gute Dienste leisten.

J. Mattheson, Kern melodischer Wissenschaft, 1737

Ein geschmackvoller Klavier-spieler wird ohnedies Melodien von einigem Werthe nicht mit so vielen Zusätzen überladen,

D. G. Türk, Klavierschule, 1789

Wenn wir endlich noch ein Wort von der Ausschmückung oder Decoration machen müssen, wird hauptsächlich zu erinnern nöthig seyn, daß solche mehr auf die Geschicklichkeit und das gesunde Urtheil eines Sängers oder Spielers, d. i. des Excecutoris, ankömmt, als auf die eigentliche Vorschrifft eines Setzers.

J. Mattheson, Kern melodischer Wissenschaft, 1737

Der Componist gedencket an nichts als etwas neues zu machen, und um darinnen fortzukommen, wendet er alles mögliche an. Er wählet Hauptsätze von einem seltsamen und gemeinen Gesang, in der Einbildung, daß er sie schon ausputzen wird, wenn er nur viele Coloraturen, Läuffer und Kräusel darunter mischet.

Der Critische Musicus, 19. Aug. 1749

Th. Janowka, Clavis, 1701

Wir verachten darum die decorationes nicht. Wohlangebrachte Manieren sind keinesweges geringe zu schätzen, es entwerffe sie der Componist selber, wenn er ein Sänger, oder geschickter Spieler ist ; oder es bringe sie der Vollzieher, aus freyem Sinne, an.

J. Mattheson, Kern melodischer Wissenschaft, 1737

wenn die Vocalisten/ oder Violisten ihre passagien und manieren machen und anbringen wollen/ und der Organist wolte auch seine Colores insonderheit mit einmischen/ so wolte die harmonia sehr verdorben werden ; Jedoch wenn ein fein Accent oder Manirchen

unterweilen zu rechter Zeit kan angebracht werden/ kan nicht
undienlich seyn

W. C. Printz, Phrynidis, 1696

Wer diese Figuren erfinden will/ der setzt erstlich all
einfache/ iedoch nur die schicklichen; Denn er mag darvon weg
werffen/ was wegen des allzu grossen Ambitûs, oder eines andern
Mangels halber nicht zu gebrauchen ist: Hernach nimmt er ein
nach der andern von denenselben/ und setzt zu ihr eine iedwede andere schickliche Figur

W. C. Printz, Phrynidis, 1696

Lauter Figuren oder lauter Schematoides conti-
nuirlich und allzu lange/ nach einander gesetzet/ machen endlich einen Eckel.

W. C. Printz, Phrynidis, 1696

J. Adlung, Anleitung, 1758

22

eine Brechung oder eine gebrochne Figur   accen-

tuirtes Brechen.

Fr. W. Marpurg, Anleitung, 1765

Klingende Figuren seyn entweder einfache oder zusammen gesetzte. Einfache seyn/ denen keine unmittelbar vorher gehet/ oder nachfolget.

W. C. Printz, Phrynidis, 1696

Schleifer in der Terz entsteht, wenn zu einer gegebnen Note die absteigende Secunde und Terz heran geschleifet werden. Zuweilen macht man sie geschwind, und sie nehmen sodann der gegebnen Note nur wenig von ihrem Zeitmaas; zuweilen aber verliert die letzte wohl die Hälfte von ihrer Zeit. als:

gegebnen Noten.   kurze Manier   Manier von der letzten Art.

Berlinisches Magazin, 1765-67

Der Durchgang wird die kleine Note genennet, die zwischen Terzensprüngen eingeschaltet wird, es mag im Auf- oder Absteigen seyn. Diese 3 Noten werden sodann als Triolen ausgeübt. Z. E.

23

Berlinisches Magazin, 1765–67

Der halbe Zirkel entsteht, wenn nach zwo auf einem Ort gegebnen Noten die nächst darüber und die nächst darunter gelegene Note mit in die Zeitmaaße der erstern gebracht wird.

Berlinisches Magazin, 1765–67

Die Walze entsteht, wenn bey 2 gegebnen Noten, die einen Terzensprung ausmachen, der Raum nach dem Sprung ausgefüllet, und nach der zwoten gegebnen Note noch eine Stufe zurückgegangen wird. Z. E.

oder

gegebne Noten.   Manier.   ausgeschrieben.

gegebne Noten.   Manier.   ausgeschrieben.

· Hier ist die Walze auf- und absteigend vor-
gestellt.

Berlinisches Magazin, 1765–67

Zusammengesetzte seyn / die aus unmittelbar nach einander
folgenden einfachen bestehen.

Die einfachen seyn entweder ordentlich-gehende / oder blei-
bende / oder springende / oder vermengte / oder schwebende.

Einfache ordentlich-gehende Figuren seyn: Accentus,
Tremolo, Croppo, Circulo mezo und Tirata meza.

W. C. Printz, Phrynidis, 1696

Lauffende seyn Circulo, Tirata, Figura Bombilans
und Paſſaggio.

Circulo ist / wenn zween Circuli mezi also zusammen gesetzt
werden / daß Remittens dem Intendenti folge in der nechsten untern/
oder Intendens dem Remittenti in der nechsten obern Clave. V. gr.

Tirata ist / wenn etliche ordentlich-auff-oder ablauffende
Figuren ordentlich in nechst-folgenden Clavibus an einander gehan-
gen werden.

Sie ist entweder Defectiva, oder Perfecta, oder Aucta.

Defectiva ist / welche zwar die Qvint überschreitet/ doch die
Octav nicht erreichet.   Ex. gr.

25

Perfecta ift/ welche gerad in Octavam laufft.　V.gr.

Aucta ift/ welche die Octav überſchreitet.　z.Er.

W. C. Printz, Phrynidis, 1696

Figura Bombilans ift/ wenn lauter ſchwermende Figuren zuſammen geſetzt werden.　Ex.'gr.

26

Paſſaggio iſt/ wenn etliche lauffende Figuren/ iedoch anders als in Tirata und Circulo zuſammen geſetzt werden: Item, wenn Circuli, Tirate, Bombilantes und einfache lauffende/ viel oder wenig zuſammen geſetzt werden. V. gr.

W. C. Printz, Phrynidis, 1696

Unter **Paſſage** (**Paſſagie**, ital. *Paſſaggio*, franz. *Roulade*) verſteht
man kleine Verzierungen ſimpler Töne (Figuren)

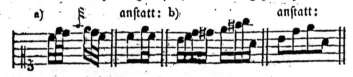

D. G. Türk, Klavierschule, 1802

So nennet man z. B. die Notenfigur bey Fig. 3. einen **Schwärmer** (Bombo); die bey Fig. 9. oder bey Fig. 65. einen **Rauſcher,** die bey Fig. 11., die **Walze** (groppo)

27

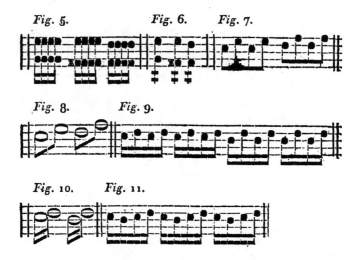

H. Chr. Koch, Handwörterbuch, 1807

Elaboration of a simple melody

H. Chr. Koch, Lexikon, 1802

Hauptdreiklänge

(1-8)

Eng und weit.

Eng und weit.

Enge Harmonie.

Eng und weit.

31

(29–37)

32

(38–48)

Enge Lage.

Weite und gemischte Lage.

Enge Lage.

Weite und gemischte Lage.

33

Kuckuck.

Auf dem grünen Rasen.

Kommt alle heraus.

Steigt das Büblein auf den Baum.

Als unser Mops.

Jetzo mein Püppelein.

Enge und weite Harmonie.

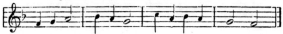

Enge Harmonie.

Nur in Dur. Enge Harmonie.

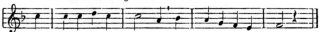

Eng und weit.

Weite Harmonie.   Enge Harmonie.

In enger und weiter Harmonie.

37

38

Leitereigene Dreiklänge

(81-92)

41

(121-129)

42

(130–143)

43

(auch in *G, As, B*)　　　　　　　(auch in *Fis* und *As*)

(auch in *Fis*)　　　　　　　　　(auch in *h* und *g*)

(auch in *e* und *c*)　　　　　　3 (auch in *fis* und *d*)

45

(190–192) Zart schöne frau, gedenck und schau —.

Zart schöne frau, ge = denck und schau, Wie mich dein lieb mit ste =
Kain ru hab ich so lang biß sich Dein äuglein fein mit liech =

= ter yeb Hertzlichen thut fren = cken; Die
= tem schein Gegn mir freundtli = chen wen = cken.

haben mich so kreff = tigklich Dein lieb hat mich be = sej

sen; Hertz lieb, schau an was ich dir gan, Ich kan dein nit

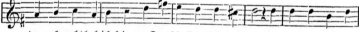

ver = gej = sen.

Mir ist ein schönß braunß meidelein —.

Mir ist ein schönß braunß meide = lein Ge = fal = len in mein sin, Kein
Wolt Gott, ich solt heint bey jr sein, Mein trauren fur da = hin.

tag noch nacht hab ich kein ru, Das schafft jr schön ge=stalt, Ich weiß nit, wie im

furbaß thu, Mein feinß lieb macht mich alt.

Was mein Gott will, das
(1540.)

46

Wie soll ich dich empfangen (1615).

Ach Elslein, liebstes Elslein mein —.

Ach Els-lein, lie-bes Els-lein mein, wie gern wär ich bei dir! So sind zwei tie-fe Was-ser Wol zwi-schen dir und mir.

Mit Lust tet ich ausreiten —.

Mit lust tet ich aus-rei-ten durch ei-nen grü-nen wald. Da-rinn da hört ich sin-gen Drei vög-lein wol-ge-stalt.

(196) Das alte Jahr vergangen ist (J. Steuerlin 1598.)

Sext- und Quartsextakkord

(197–213)

49

(214–220)

50

(221–229)

51

(230-240)

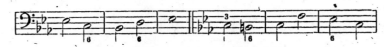

G :

IV

52

(241–243) („**Warum sind der Tränen**" — Akkordmaterial: außer dem angegebenen: I, IV, V.)

(„**Mit dem Pfeil, dem Bogen**" — I, IV, V.)

(„**Schlaf, Kindlein, schlaf**" — I (6) V, II)

(244–251)

("Abc" — I, IV, V, II.)

O daß ich tausend Zungen —

54

O Ewigkeit, du —

e. und w. (auch in *c*)   e. und w.   e. (auch in *d*)

e. (auch in *c*)   w.

w.   w.

Ich hab' mich ergeben —
(Akkordmaterial: außer dem
angegebenen: I V II.)

Ihr Städter, sucht ihr
Freude — (I V)

(276–285)

Auf dem grünen Rasen — (I IV V)

C: I   I   IV VII   II VII

eng u. weit

Ebenso in c, G, g, F, B, Es, As, a, d, e.

58

(302–318)

59

60

(337-346)

eng   weit

Man harmonisiere folgende Sätze mit Anwendung des Quartsextakkordes an den mit † bezeichneten Stellen.

Er nimmt al - les wohl in acht.   Du wirst sei - ne

Mut - ter sein.   O mein al - ler - höch - stes Gut.

O   dul - cis Je - su, fi - li Ma - ri ae!

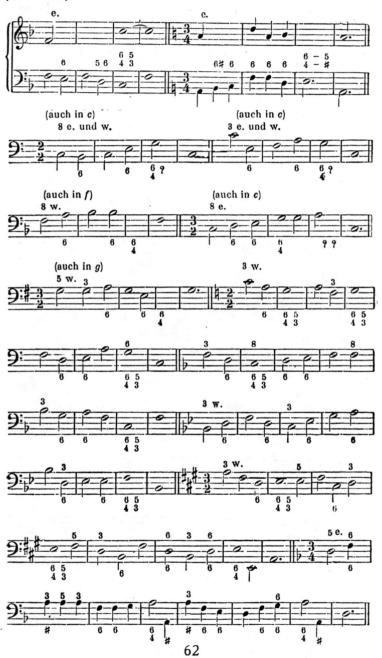

Den König segne Gott — (Akkordmaterial: außer dem angegebenen: I, IV, V, VI, II 6.)

Hopp, hopp, hopp — (I, IV 6, V.)

Wer hat die schönsten Schäfchen — (I, IV(6), V.)

Wie könnt' ich ruhig schlafen — (I, IV, V, VII 6.)

(364-382) Es blüht ein schönes Blümchen — (I, IV 6, V, VII 6, II(6)).

64

65

66

(403–408)

68

(417–422)

Es sind die drei Oberstimmen zu setzen.

70

O Traurigkeit.

A, a, a, der Winter, der ist da.

Ein Männlein steht im Walde.

71

Wer hat die schönste Schäfchen.

An der Saale hellem Strande.

Stimmt an mit hellem hohem Klang.

Ein Schifflein ziehet leise.

Es sind die drei Oberstimmen zu setzen.

74

(445–453) enge Lage.

79

(486-496)

80

Auch nach *Des, D, Es* und *E* zu transponieren.

Auch nach *Fis, F* und *E* zu transponieren.

Auch nach *H* und *C* zu transponieren.

Auch nach *H, B, A, As* und *G* zu transponieren.

Nach *e* und *cis* zu transponieren.

Nach *gis* und *a* zu transponieren.

Nach *gis, g* und *fis* zu transponieren.

Nach *fis* und *g* zu transponieren.

Verschiedene Lagen

(506–512) Vervollständige folgende Sätze, in denen enge und weite Lagen wechseln!

(513–515) Tag des Zornes —

Nun danket all und bringet —

Sollt' es gleich bisweilen —

(516–518) **Nicht so traurig —**

(„**Kuckuck, Kuckuck ruft aus dem Wald.**" — Akkordmaterial: außer dem angegebenen: I, V.)

(„**Abc**" — Akkordmaterial: I, IV, V.)

87

Dominantseptakkord

(528–547)

88

(548-576)

89

91

Wie reizend, wie wonnig — (Akkordmaterial: I, V, IV, V 7 — Alle Töne eines Taktes gehören immer nur einem der genannten Akkorde an.)

Die Abendglocke schallet — (Akkordmaterial: I, V, IV, V 7.)

Schlaf, Kindlein, schlaf — (Akkordmaterial: I, V, IV, II, V 7.)

auch in *c.*
3 e. u. w. [1])

in allen Durtonarten zu spielen.
8 e.

auch in *g.*
3 e.

auch in *b.*
5 e. 6

auch in *d.*

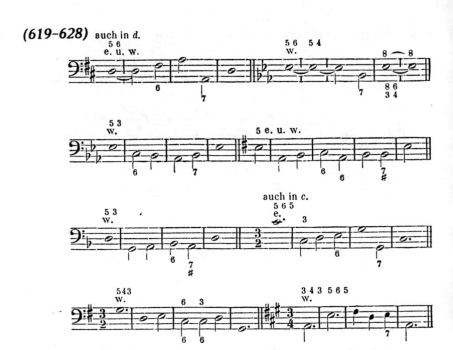

Noch ahnt man kaum der Sonne Licht — Akkordmaterial: außer dem gegebenen: I, IV, V(7).

Ein Gärtner gebt im Garten — I, IV, V.

(629-634) Kühl und labend sinkt der Tau — I, IV, V(7).

(635–642)

95

(643–649)

96

97

Kommt ein Vöglein geflogen.

Freiheit, die ich meine.

Komm, lieber Mai, und mache.

98

Die Luft ist so blau.

Ich hab mich ergeben.

100

(672-678)

101

102

105

Dur und Moll, eng und weit.   Ebenso.

Wo a kleins

Hüttle steht.

Preiset die Reben.

Jetzt gang i ans Brünnele.

Wem Gott will rechte Gunst erweisen.

Bekränzt mit Laub.

Bei Sedan auf den Höhen.

Auf den Schnee.

Freund, ich bin zufrieden.

110

Auf, auf, mein Herz —

(734–741) Aus der Tiefe rufe ich —

Herr, ich habe mißgehandelt —

(742–749) auch in **c.**

Benutze bei der Bearbeitung folgender unbezifferten Bässe
den V7 und seine Umkehrungen!

Im stillen heitern Glanze — Akkordmaterial außer dem gegebenen:
I $\binom{6}{4}$, IV, V(7).

Schlaf, Kindlein, schlaf — I, V 7.

115

116

(797-807)

in enger Lage anfangen.

118

119

120

(824–834)

122

123

Schlüsse

Takt 1—4: **Vordersatz**; Takt 5—8: **Nachsatz.**

enge Lage.

enge Lage.

enge Lage.

weite Lage.

weite Lage.

enge Lage.

enge Lage.

enge Lage.

in enger Lage anfangen.

in eng. Lage anf.

in gemischter Lage anfangen.

125

I   V   I   IV   I   VI V   I   I   V   VI I   IV.   I   V   I

Anfang in enger
Harmonie!   Enge Harmonie!

Aus dem Advents-
Hymnus.   Der Tag ist groß und freudenreich.

Je - su   re-demp tor   o-mni - um.

Abend wird es wieder — I$_4^6$, IV, V (7).

Taler, Taler, du mußt wandern — I, V (7), II.

auch in *c.*

127

128

129

An MARIA.

Mein G'müth ist mir ver=wir=ret Das macht ein Jungfrau zart Hab
Bin ganz und gar ver=ir=ret, Mein Herz das kränkt sich hart.

Tag und Nacht kein Ruh, Führ' all=zeit gro=ße Klag, Thu stets seufzen und

wei=nen In Trau=er schier ver=zag.

Die Lehre vom Kuß.

Nir=gends hin, als auf den Mund, Da sinkts in des Her=zens

Grund, Nicht zu frei, nicht zu ge=zwun=gen, Nicht mit gar zu

fau=ler Zun=gen, Nicht zu we=nig, nicht zu viel, Bei=des

wird sonst Kin=der=spiel, Nicht zu laut und nicht zu lei=se,

Bei der Maß ist rech=te Wei=se.

Die Liebe.

Ich schlaf', ich träu=me bei dem Wa=chen, Ich ruh', und ha=be

kei=ne Ruh', Ich thu', und weiß nicht was ich thu. Ich wei=ne

131

mit = ten in dem La = chen, Ich denk', ich ma = che dieß und das, Ich schweig' und red' und weiß nicht was.

Venus an Amor.

Geh', geh' mein klei = ner Sohn, Geh', geh' und lauf ge= schwind, Du al = ler = lieb = stes Kind, Ent = zün = de de = rer Her = zen, Die in der Lie = be schon Mit Luft ver = bun = den sein, Hilf ih = ren Her = zen scher = zen.

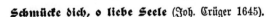

Schmücke dich, o liebe Seele (Joh. Crüger 1645).

Nebenharmonien

(925–933)

weite H.

eng   weite H.

eng   weit

Man bearbeite noch folgende Sätze mit Anwendung des III.

Christi Mutter stand mit Schmerzen.

I   V   I   VI   IV V₇   I   I   V III IV II   III I   V   V

VI   V   I   IV   I   II   V   I

136

137

138

139

(1016–1023)

Mitten in dem Leben. Es kam herab.

140

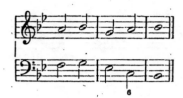

Freu dich, du Himmelskönigin.

O Christ hie merk.

143

Winter ade.

Habt ihr es noch nicht vernommen.

Hör an, mein lieber Fink.

O Tannenbaum.

Eng und weit.   Eng und weit zu beginnen.

Enge Harmonie.

146

Enge Harmonie —— weit   Eng.

O ihr Freund' Gottes allzugleich.

Enge Harmonie.   Weit.

Eng.   Weit.   Eng.

Mit weiter Harmonie beginnen.

Mit enger Harmonie beginnen.

Weit.

III⁶ II__⁶

III⁶ II⁶   II⁶   II

Dreves, Nr. 13.

II⁶ III   III⁶ VI   VII⁶ II__⁶

Es kam ein En-gel hell und klar von Gott aufs Feld zur Hir-ten schar, der

war gar sehr von Her-zen froh und sprach zu ih-nen   fröh - lich so:

Nebenseptharmonien

(1074–1083)

Arbeite zu folgenden Sopranen achttaktiger Perioden die harmonische Begleitung

149

(1084–1099)

150

152

153

155

(1139–1169)

156

in enger Lage anfangen.

enge Lage.

enge Lage.

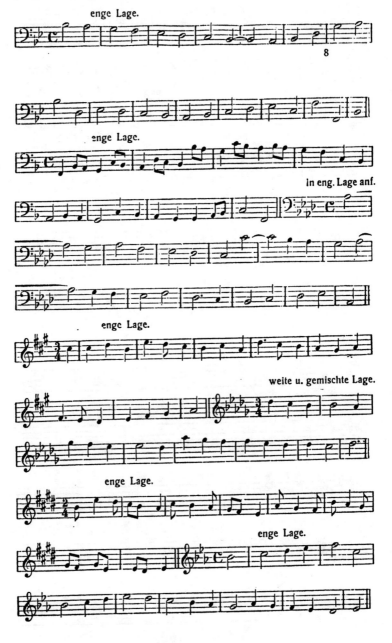

(1202–1211) enge Lage.

in gemischt. Lage anfangen.

enge Lage.

160

163

164

165

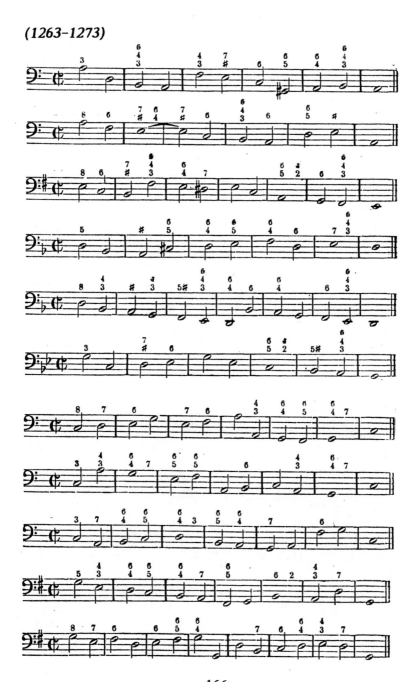

166

(1286–1295)

Im Sopran die *C*-Skala aufwärts in ♩

Skala abwärts.

168

169

(1306–1324)

170

(1325-1339)

Sollt es gleich bisweilen —

(1340–1342)

Nun freut euch —

Der Mond ist aufgegangen — I, IV, V7.

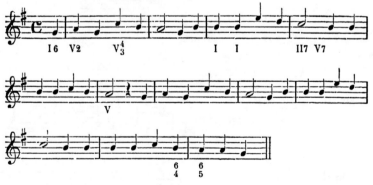

Du lieblicher Stern — I, V(7), II.

Die Sterne sind erblichen — I, V(7), VI.

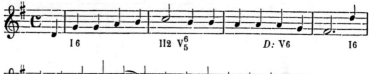

auch in *c.*

auch in *g.*

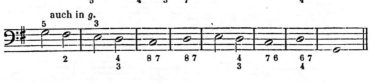

auch in *d.*

175

(1373–1383)

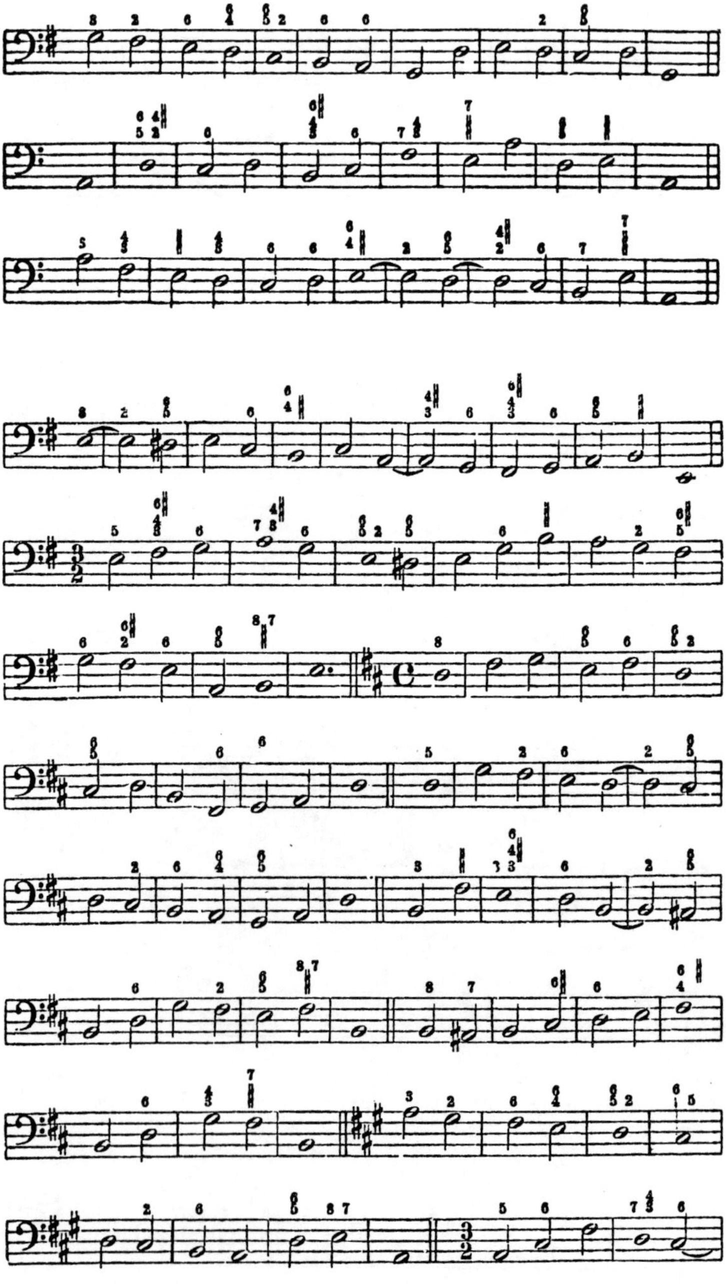

(1384–1393)

177

178

(1425–1435)

180

181

(1447–1449)

Ach Gott und Herr.

Ach, mein Herr Jesu, dein.

Allein Gott in der Höh' sei Ehr'.

Auferstehn, ja auferstehn.

Auf meinen lieben Gott.

Wer Gott vertraut.

Nonenakkorde

Erwacht vom süßen Schlummer —

Verwendung des seither geübten Akkordmaterials

(1457–1462)

185

in allen e. L.

Alterierte Akkorde

(1472–1497)

(1498–1522)

188

190

(1558–1574)

191

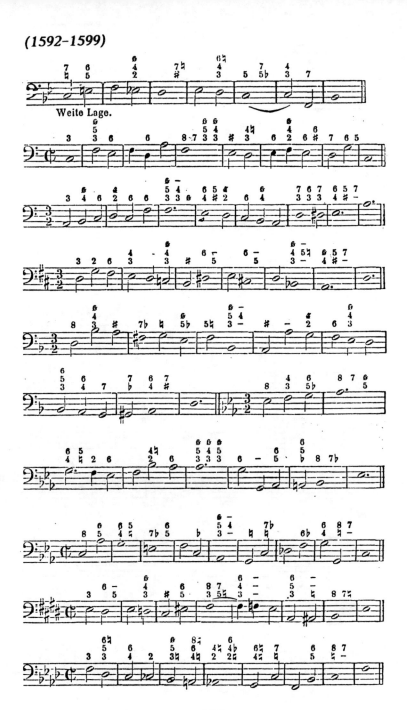

194

195

(1633–1643)

198

Durchgangsnoten

(1644–1651)

Bringe in folgenden Verbindungen an geeigneten Stellen durchgehende Noten an!

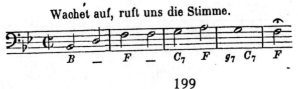

Wachet auf, ruft uns die Stimme.

Harmonisiere folgende Melodien, brauche aber in keinem Takte mehr als 2 Akkorde!

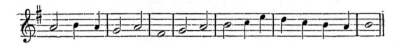

Volksl. »Ein Männlein steht im Walde.«

Volksl. »Kommt ein Vogel geflogen.«

(1680–1690)

Auf, auf, mein Herz, mit Freuden.

3 e. auch in *f.*

8 e. u. w.

202

Wechselnoten

(1691-1698)

Nun wird so braun und falbe das schöne Sommerlaub —

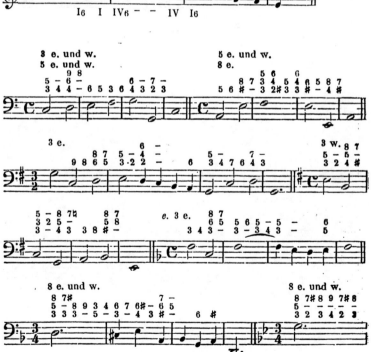

203

Wo a kleins

Hüttle steht.

Preiset die Reben.

Jetzt gang i ans Brünnele.

Wem Gott will rechte Gunst erweisen.

Bekränzt mit Laub.

(1713–1720)

Aufgabe : Man bestimme in folgenden Beispielen den Charakter der Baßtöne.

Man mache folgende Sätze vierstimmig:

Aus einem Kyrie mit Orgel von Casciolini.

(Die Bezifferung ist weggelassen.)

Vorausnahmen

(1726–1732)

Harmonisiere folgende Melodien und bringe bei »+« eine ein- oder mehrstimmige Vorausnahme an!

Aus einer Passionskantate von Ph. E. Bach

(1733–1739)

C-dur

Trierer Gsgb., Nr. 1.

Lo-be Gott mit Werk und Worten!

Tr. Gsgb., Nr. 65.

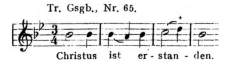

Christus ist er - stan - den.

Nr. 86.

Mit Ju-bel-ak-kor-den er-

Nr. 95.

Hei - lig-ste Drei - fal-tig-keit!

Dreves, Nr. 50.

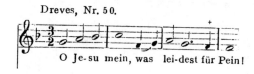

O Je-su mein, was lei-dest für Pein!

Nr. 75.

Dir, o Je-su, eil' ich zu.

210

Troſt für mancherlei Thränen.

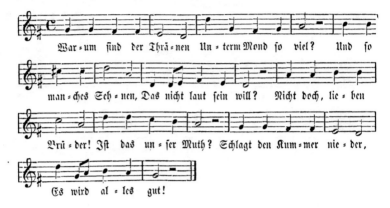

War=um ſind der Thrä=nen Un=term Mond ſo viel? Und ſo man=ches Seh=nen, Das nicht laut ſein will? Nicht doch, lie=ben Brü=der! Iſt das un=ſer Muth? Schlagt den Kum=mer nie=der, Es wird al=les gut!

Die rechte Stimmung.

Das Frau=en=zim=mer Ver=ſtimmt ſich im=mer nach Luſt und Wind, Nach Luſt und Wind. Drum Schade vor die Män=ner, Die kei=ne rech=ten Ken=ner Vom Stim=men ſind.

Die Liebe und der Wein.

Oh=ne Lieb' und oh=ne Wein, Was wär un=ſer Le=ben?
Al=les was uns kann er=freun, Müſ=ſen die=ſe ge=ben.
Wenn die Gro=ßen ſich er=freu'n Was iſt ih=re Freu=de?
Hüb=ſche Mäd=chen, gu=ter Wein, Ein=zig die=ſe bei=de.

211

(1743–1745) Die Hoffnung.

O Hoffnung blei = be mir Stets an der Sei = te stehn, Und
laß den kräft'gen Trost Zu kei = ner Zeit ver = gehn: Wer red = lich
ist und hof = fen kann, Der trifft am En = de noch Was er ge=
wünschet an.

Morgenglanz der Ewigkeit (1731).

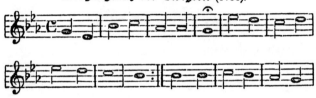

Lied aus J. A. Hillers „Erntekranz" (1770).

(Lieschen.) Ge = he, gu = ter Pe = ter ge = he! ich ver=

(Transp. in A-dur, B-dur, H-dur, C-dur, Des-dur, D-dur,
Es-dur.)

212

(1746)

ste = he, ich ver = ste = he wie man dich zu = rü = cke

bringt.

Aus D. G. Türcks Klavierschule (1789).

Orgelpunkte

(1747–1749)

214

(1750–1755)

215

Sequenzen

(1756–1764)

216

Vorhalte

(1779–1785)

(1786–1791)

220

(1792-1803)

221

(1804–1818)

222

(1819–1833)

Choralzeilen.

Mit Hinzunahme durchgehender Noten und harmonischer Nebentöne.

(1834–1843)

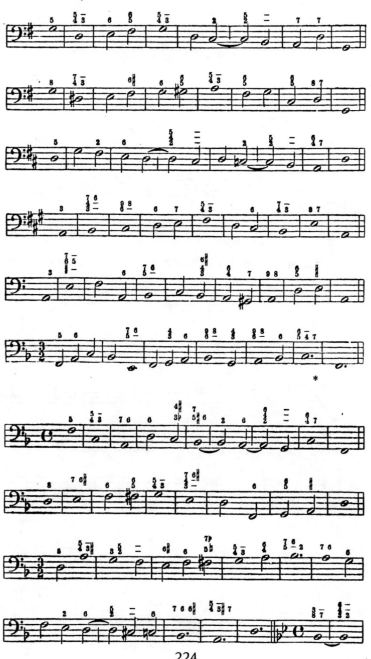

224

(1844–1853)

225

(1854–1861)

(1862–1881)

227

(1882–1888)

228

229

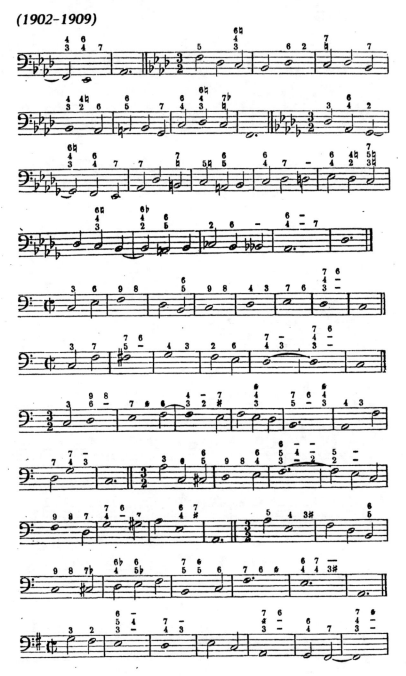

231

(1910–1916)

232

(1917–1922)

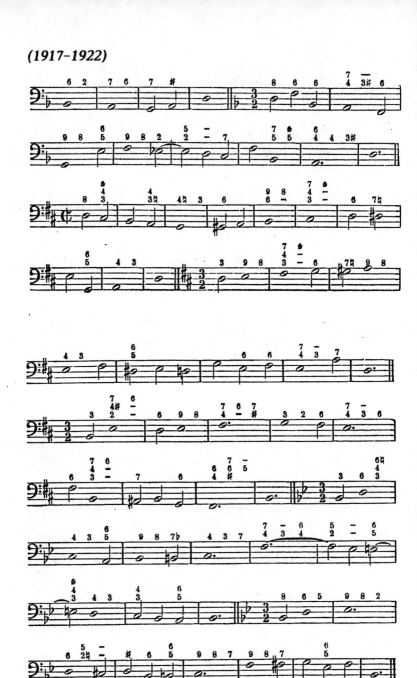

234

(1929-1935)

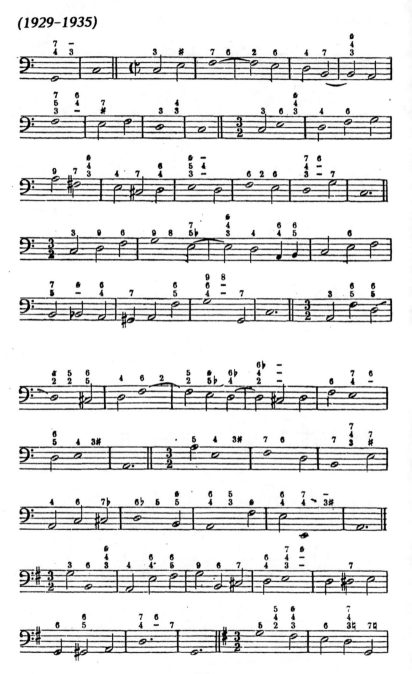

235

(1942-1946)

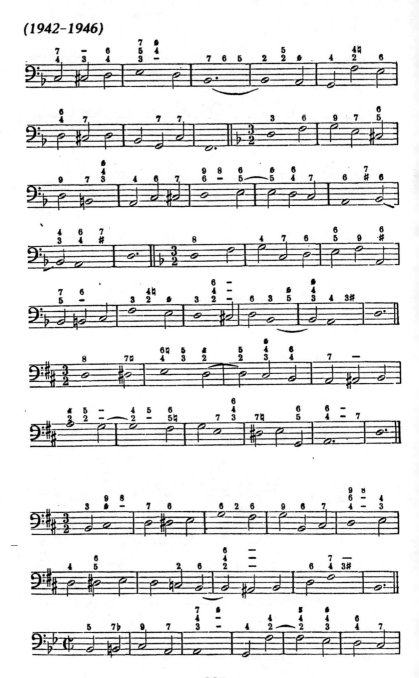

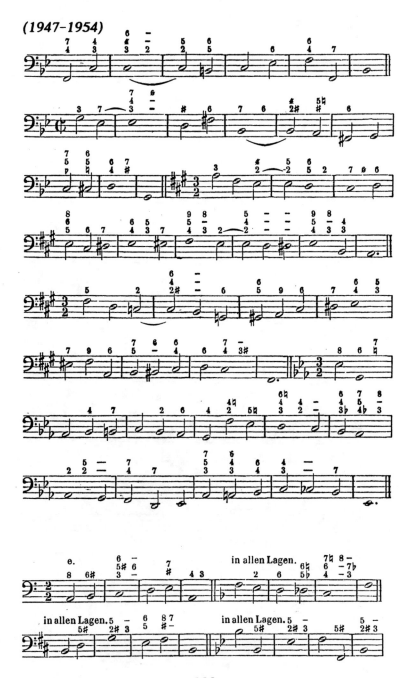

(1947–1954)

238

Füge in folgenden unbezifferten Bässen aufwärtsgehende Vorhalte ein

Füge in der Harmonisierung folgender Melodien bei »+« einen aufwärtsgehenden Vorhalt ein

Wie sie so sanft ruh'n.

Bringe in folgenden Kadenzen ein- und mehrstimmige Vorhalte an!

(1972–1980)

Brauche mehrstimmige Vorhalte in folgenden unbezifferten Bässen

Harmonisiere folgende Melodien und füge bei »+« einen mehrstimmigen Vorhalt ein

Bässe zum Aussetzen für die gebräuchlichsten Ausnahmeformen der Vorhalte

(1997–2003)

243

Neapolitanischer Sextakkord

(2004-2008)

Nach einem Chorsatz von Mich. Haydn.

Unbezifferter Baß.   Aus einer Arie von Alessandro Scarlatti.

Co - si ni - ce o - prò con me, Co - si ni - ce o - prò con me

(Getreue Wiedergabe des Originals)

eng   weit

C: I, V,   C: III⁶
= h: IV, h: V, I   C: I, V, C: III⁶
= H: IV, H: V, V, I

C: I
h: II (IV) V — (H) I   a: I   IV
cis: II (IV) V — I

a: I   IV   III (I)
　　　　h: II (IV) V   —   I

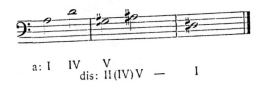

a: I   IV   V
　　　　dis: II (IV) V   —   I

C: I   V
　　　fis: II (IV) V   —

Ausweichungen

(2023–2026)

Alle Menschen müssen sterben.

C: I   VII° a: V   I F: V₇   I C: V₇   I - -V₇   I

251

(2067–2074)

(2075-2079)

254

255

257

(2106-2112)

259

261

(2136-2144)

263

Modulationen

Cadenzen.

Nun sich der Tag geendet hat.

Aus meines Herzens Grunde.

Sollt' es gleich bisweilen scheinen.

Kirchentonarten

I 6   IV 6   7 IV 6

VII   VII   2

Dorische Tonleiter.   Kirchenlied im I. Ton.

O Heiland, reiß die Himmel auf,

her - ab, her - ab vom Himmel   lauf; reiß ab vom Himmel Tür und

Tor,   reiß ab, wo Schloß und Rie- gel   vor.

8 7   8 7   4 #   6   7   8 7

Harmonisiere die folgenden dorischen Melodien

Phrygische Tonleiter.

Dom.　　　　Dom.

Fin.　　　　Fin.

Hypophrygische Tonleiter.

Kirchenlied im III. Ton

Aus　har-tem Weh die
„Wann kommt, der uns ist

Menschheit klagt, sie stand in gro - ßen　Sor - gen:
zu - ge - sagt, wie lang bleibt er ver - bor - gen?　O Herr und

Gott, sieh　an　die Not, mit der wir ban - ge　rin - gen! Ge - den - ke

Dei - nes Worts, o Gott, und laß her - ab ihn　drin gen, den Trost in

al - len   Din - gen!"

Kirchenlied im IV. Ton.

Je - ru - sa - lem, du sel' - ge Stadt, drin der Fried' sein Wohnung hat,

welche Gott tut herrlich erschei-nen   aus den le-ben-di-gen Stei-nen,

um dich sind al - le En-gelscha-ren,   die dich als ein' Braut bewahren.

Harmonisiere folgende Melodien

Lydische Tonleiter.

Dom.   Dom.

Fin.   Fin.

Hypolydische Tonleiter.

Kirchenlieder im V. Ton.
1. Ave Maria zart.

A - ve Ma-ri - a zart, Du Ros'
von ed - ler Art, Du Li - lie weiß, ganz oh - ne Schaden: Dich grü - ße
ich zur Stund' mit Ga-bri-e - lis Mund: A-ve, die du bist vol-ler Gnaden.

O Mensch, bewein dein Sünde groß.

O Mensch, bewein dein' Sünde groß, Darum Christus des Vaters Schoß
Von ei - ner Jungfrau rein und zart, Je-sus für uns ge - boren ward,
äußert und kam auf Erden. Den To-ten er das Leben gab und legt da-
er wollt der Mittler werden.
bei all Krankheit ab, bis sich die Zeit herdrange, daß er für uns ge-
op-fert würd, trug un - ser Sün-de schwere Bürd' wohl an dem Kreuze lan-ge.

Kirchenlieder im VIII. Ton.
Lauda Sion [1].

Dei-nem Hei - land, dei - nem Leh - rer, dei - nem Hir - ten
und Er - näh - rer, Si - on, stimm ein Lob - lied an!

Komm, Schöpfer, Geist.

Komm, Schöp-fer, Geist, kehr bei uns ein, be - such das Herz der
Kinder dein; der Gna-den Fül - le tei - le zu den See - len,

die er - schu-fest du!

Lydische Schlüsse.

Bilde viertaktige mixolydische Schlusskadenzen

Harmonisiere folgende mixolydische Melodien

Ach Gott und Herr.

270

Andere Übungen

(2201–2204)

Es sind die drei Oberstimmen zu setzen.

Phantafia mufica eſt imago, idea, repræſenta-
tio, habitus, & copia rerum muficalium, animo
Muſici inſidentium; qvam ex tempore, ſeu impa-
ratus qvis in qvopiam inſtrumento Auditoribus
ſuis tanqvam ab oculos proponit, dedu ſ;qve

Fantaſia [*ital.*] Fantaiſie [*gall.*] Phan-
taſia [*lat.*] iſt der effect eines guten Na-
turells ſo auch theils ex tempore ſich
äuſſert, da einer nach ſeinem Sinn etwas
ſpielet, oder ſetzet, wie es ihm einfällt,
ohne ſich an gewiſſe Schrancken und Be-
ſchaffenheit des Tacts zu binden.

DE FIGURIS SIMPLICIBUS.

UT Muſica evadat varia, varijs indiget; ùt figurá, fugá, ideá,
tranſpoſitione; modô, voce, inſtrumentô, concertatione, &c.
Figuræ ſunt ſimplices, aut compoſitæ, aut ideales ad arſin, aut
theſin, & periodum. Inter ſimplices computari poſſunt tremu-
la; trilla, accentus intendentes, & remittentes, qui & mezocirco-
lo appellari ſolent. ùt

Alia figurá vocatur curta, ùt ſic:

Alia vocatur groppo, ùt:

Alia vocatur circulus, ùt:

Intendens, remittens.

Alia dicitur tirata, ùt :

Intendens, remittens.

Alia dicitur messanza, quæ quatuor notis variè saltat, ùt :

Messanzæ sunt plurimæ.　Omnes hæ figuræ ad faciendum passagio conducunt : atque si passagio Italicum est, in ordinatam phantasiam resolvi potest.　Imò habita phantasia his figuris variatur.　Vide exemplum :

Phantasia simplex.

Variatio.

Messanzæ omnes.

Aliter :

Tirata, groppo, tirata, groppo, tirata, groppo.

Curta,

Aliter :

Curta, circolo, curta, circolo, curta, circolo.

Alia Phantasia :

274

Paſſagio ſuprà :

Groppo, meſſanza, groppo, meſſan: groppo, meſſanza.

Paſſagio per Meſ-ſanzas:

porrò per tiratas.

Componuntur etiam ad paſſagio quadruplicis ordinis figuræ; ùt ſupra hanc phantaſiam :

Groppo, meſſanza, circolo, tirata, groppo, meſſan: circolo, tirata.

Qui paſſagia faciunt non ſuper phantaſias, verſantur cum ijs in genere muſicæ comprehenſivæ: fiúntque hôc modô :

Ad ſimplices figuras ſpectant Coulé, herbeccio, harpegiaturæ, cum modulo brigliante &c.

R. P. Vogt, Conclave, 1719

Unvollkommen ausgebildete Gedanken drucken die Sachen nur ganz platt und einfach aus.

275

Adagio.

1. Ex.
Unvollkommener Gedanke.

2. Ex.
Ausgebildeter Gedanke.

Berlinisches Magazin, 1765-67

Vollkommen ausgebildete Gedanken sind solche, da sich zur Melodie nichts mehr bey-fügen läst, wenn man durch Veränderung sie nicht mehr verderben, als verbessern will; sie sind durch die harmonischen Noten und Setzmanieren bestimmt z. E.

Vollkommene ausgebildeter Gedanke.

harmonische Noten davon.

Berlinisches Magazin, 1765-67

Man hat also auch in der Musik tropische, uneigentliche und verblühmte Auszierungen, die sich von der natürlichsten und einfältigsten Folge und Stellung der Töne eines Gesanges unterscheiden. Dieses letztere ist das Platte, oder das Niederträchtige, und kann also von einem jeden so gleich begriffen und nachgesungen werden: da hingegen eine, auf sinnreiche Art ausgezierte Melodie mehr Geschicklichkeit und Nachsinnen erfordert, sie richtig einzusehen und auszuüben   , und mit einer größern Lebhaftigkeit zu erheben.

Der Critische Musicus, 29.Dec. 1739

Man begreift, daß keine Melodie schön ist die nicht gewisse Veränderungen der ~~Hauptnoten~~, gewisse Zusätze, Verkleinerungen, Ausdehnungen, und andere scharfsinnige und bereits durchgehends angenommene Zierrathen enthält   , daß die tropischen Auszierungen, oder der verblühmte Ausdruck eigentlich die Melodie beträfe   , daß er nämlich nichts anders ist, als wenn man einen musikalischen Satz in einer andern und lebhaftern Gestalt vorträgt, als er nach den melodischen Hauptnoten, oder nach dem Zusammenhange des Stückes eigentlich seyn sollte. Er ist nämlich eine neue und zierliche Veränderung eines kurzen melodischen Satzes, um denselben nachdrücklicher, oder wohl gar erhabener zu machen, doch ohne Verletzung der Harmonie.

Der Critische Musicus 29.Dec. 1739

Die letzte unsrer melodischen Regeln wird seyn, daß man zur Beförderung der Lieblichkeit nur mäßige Melismos oder lauffende Figuren gebrauche.

J. Mattheson, Capellmeister, 1739

Die Paſſaggi müſſen aber in dieſem Stücke von den diminutionibus und melismis unterſchieden werden : indem dieſe einen gewiſſen melodiſchen Gang zum Grunde haben, den ſie nur variiren; jene aber nichts ſingendes in ſich faſſen

J. Mattheson, Capellmeister, 1739

ſo laſſen ſie lieber die Decorationes den Inſtrumenten über, welches ſehr wohl und klüglich gethan iſt, wenn z. E. die Singe-Stimmen mit einer zierlich-ſchlechten Melodie einhergehen, daß alsdenn die Inſtrumente dazu, und dazwiſchen, gewiſſe artige, lebhaffte Modulos und Auspuhzungen anbringen.

J. Mattheson, Capellmeister, 1739

Die verblühmten Auszierungen ſind aber auch von der Methode, oder von der feinen Singart oder Spielart gänzlich unterſchieden. Dieſe gehören für die praktiſchen Muſikanten, da jene bereits in der Compoſition vorhanden ſind, und alſo nothwendig von den Componiſten hinzugethan werden müſſen.

Der Critische Musicus, 29.Dec. 1739

Es finden ſich hauptſächlich zwey Gelegenheiten, wo ein Ausführer durch allerhand Einfälle und Manieren aus der Setzkunſt aus dem Stegereiff ſeine Geſchicklichkeit zeigen kann, woferne ihm der Componiſt nicht bereits zuvorgekommen iſt,

(1) Auf einem Ruhezeichen bey ſtillſtehender Begleitung der übrigen Inſtrumente.
(2) Bey der Wiederholung eines Solo, oder eines Stückes aus demſelbigen.

Der Critische Musicus, 13.May 1749

Daß die ſo genannten Lautenbrüche auf dem Claviere, (parties lutées) die aus ſyncopirten und gebrochnen Manieren beſtehen, zur Claſſe der vermiſchten gehören.

Der Critische Musicus, 6.May 1749

278

wenn wir zum Beschluß dieses Haupt-Stückes die Art und Weise erwegen, mit welcher die Verwechselungs-Tabellen †) zu verfertigen sind, um zu erfahren, wie viele Veränderungen mit gewissen Zahlen und Klängen zu Wege gebracht werden mögen.

J. Mattheson, Capellmeister, 1739

Wenn man
ihr der Invention zu Hülffe kommt per
artem combinatoriam, so ist es armseelig
und gezwungen Werck

J. Mattheson, Versuch, 1748

Wer siehet aber nicht, wie viele andere Stücke aus
diesen Gestalten entstehen können, wenn die
Veränderungen des einen mit den Veränderungen
des andern verwechselt werden?

Fr. W. Marpurg, Beyträge, III.Bd., 2. St., 1757

werden zum Baß im Pedal mit der lincken Hand im Tenor des Ma-
„nual-Claviers der simple Choral, und auf einem andern Clavier einstimmig, langsame doubles,
„mit untermengten Ligaturen und etlichen kurtzen Tiraten und Groppi gemacht

J. Mattheson, Capellmeister, 1739

Das Schöne der Mannigfaltigkeit empfindet man
auch bey der Fantasie. Bey der letztern müssen allerhand Figuren, und alle Arten des guten Vortrages vorkommen.

C. Ph. E. Bach, Versuch, 1753

Ein Trio erfodert die Passagien brillant

J. J. Quantz, Versuch, 1752

Welche Harmonielehren zählen zu den bekanntesten?

Bösenberg, Friedr., Harmoniegefühl und goldener Schnitt: Die Analyse der Klang-Farbe (*1911*)

Brosig / Thiel, Handbuch der Harmonielehre und Modulation (1899 als 4. Aufl. in Neubearbeitung der "Harmonielehre" *1874*)

Bruckner, A., Die ersten 19 Vorlesungen an der Wiener Universität, *1889/90*, Harmonielehre und Kontrapunkt *1891/92* und *1893/94*,

Bussler, Ludw., Praktische Harmonielehre in Aufgaben (*1875*, 4. Aufl. 1898)

(ders.), Lexikon der musikalischen Harmonien (*1889*)

(ders.), Harmonische Übungen am Klavier (*o. J.*)

Capellen, Gg., Die "musikalische" Akustik als Grundlage der Harmonik und Melodik (*1903*) (*ders.*), Fortschrittliche Harmonie- und Melodielehre (*1908*)

Halm, Aug., Harmonielehre (*1905*)

Hauptmann, Moritz, (Hrsg. O. Paul) Die Lehre von der Harmonik (*1868*)

(*ders.*), Die Natur der Harmonik und der Metrik (*1853*, 2. Aufl. 1873)

Heinze / Osburg, Theoretisch-praktische Harmonie- und Musiklehre nach pädagogischen Grundsätzen nebst specieller und ausführlicher Behandlung der Kirchentonarten (*1867*, 12. Aufl. 1901, 14. Aufl. 1906)

Hiller, F., Übungen zum Studium der Harmonie und des Kontrapunkts (*1860*)

Hostinsky, Otakar, Die Lehre von den musikalischen Klängen (*1879*)

Jadassohn, Salomon, Lehrbuch der Harmonie (*1883*, 2. Aufl. 1887, 7. Aufl. 1903, 13. Aufl. 1911) *(ders.)*, Die Kunst zu modulieren und zu präludieren: ein praktischer Beitrag zur Harmonielehre in stufenweise geordnetem Lehrgang dargestellt (*1890*)

(ders.), Elementar-Harmonielehre (*1895*)

Kistler, Cyrill, Harmonielehre op. 44 (*1879*, 2. Aufl. 1903)

Kurth, Ernst, Die Voraussetzungen der theoretischen Harmonik und der tonalen Darstellungssysteme (*1913*)

(ders.), Romantische Harmonik und ihre Krise in Wagners Tristan (*1920*, 3. Aufl. 1923)

Lobe, Joh. Christian, Vereinfachte Harmonielehre (1869?)

Loewengard, Max Julius, Lehrbuch der Harmonie (1892, 6. Aufl. *1906*)

(ders.), Praktische Anleitung zum Generalbaßspiel, Harmonisieren, Transponieren und Modulieren (*1913*)

Louis / Thuille, Harmonielehre (*1907*, 2. Aufl. 1908, 9. Aufl. 1929, 10. Aufl. neubearbeitet v. Courvoisier, G'schrey, Geierhaas u. Blessinger 1933)

Manderscheid, Peter, Harmonie-Lehre (*1910*, 10. Aufl. 1910, 11. Aufl. 1915) (Neubearbeitung der Harmonielehre von P. Piel, 1889)

Mayrhofer, Rob., Psychologie des Klanges und die daraus hervorgehende theoretisch-praktische Harmonielehre nebst den Grundlagen der klanglichen Ästhetik (*1907*)

(*ders.*), Die organische Harmonielehre (*1908*)

Öttingen, Arthur Joachim v., Harmoniesystem in dualer Entwicklung (*1866*) (als 'Das duale Harmoniesystem', [2]1913)

Richter, Alfred (Bearb)., Aufgabenbuch zu E. Friedr. Richters Harmonielehre (*1879*, 12. Aufl. 1895, 47. Aufl. 1919)

Richter, Ernst Friedr. Ed., Lehrbuch der Harmonie (*1853*, 1. Teil, 31. Aufl. 1923, 34. Aufl. 1948 der praktischen Studien zur Theorie der Musik, 30. Auflage 1920).

Riemann, Hugo, siehe unter 'Harmonielehreentwicklung'

Rischbieter, Wilh. Albert, Der Harmonieschüler (*1879* ?, 18. Aufl. 1904, 21. Aufl. 1907, 31. Aufl. o.J.)

(*ders.*), Drei theoretische Abhandlungen über Modulation, Quartsextaccord und Orgelpunkt (*1879*)

(*ders.*), Die verdeckten Quinten (*1882*)

(*ders.*), Die Gesetzmäßigkeit in der Harmonik (*1888*)

(*ders.*), Erläuterungen und Beispiele für Harmonieschüler (*1903*)

Schenker, Heinr., Harmonielehre (neue musikalische Theorien und Phantasien, Bd. 1, *1906*)

Schönberg, Arnold, Harmonielehre (*1911*, 3. Aufl., 1922, 5. Aufl. 1960)

Schreyer, Joh., Lehrbuch der Harmonie und Elementar-Komposition (*1905*, 4. Aufl. 1911, 5. Aufl. 1924), als Umarbeitung von Bach bis Wagner; Beiträge zur Psychologie des Musikhörens (1903)

Sechter, S., Die richtige Folge der Grundharmonien oder vom Fundamentalbaß und dessen Umkehrungen und Stellvertretern (*1853*)

Seydler / Dost, Material für den Unterricht in der Harmonielehre, Heft 1 - 6 (*1904*, 1910 f.)

Thürlings, Adolf, Die beiden Tongeschlechter und die neuere musikalische Theorie (*1877*)

Tiersch, Otto, System und Methode der Harmonielehre (*1868*)

(*ders.*), Elementarbuch der musikalischen Harmonie- und Modulationslehre (*1874*)

(*ders.*), Kurze praktische Generalbaß-, Harmonie- und Modulationslehre (*1876*)

Wiltberger, Aug., Harmonielehre (*1906*, 4. Aufl. o. J.)
(Bearbeitung der Harmonielehre von P.
Piel, 1889)

Ziehn Bernh., Harmonie- und Modulationslehre (*1888*)

(*ders.*), Fünf- und sechsstimmige Harmonien und ihre Anwendung (*1911*)

Wo sind Aufgaben und Liedbeispiele entnommen?

Die vorstehend ausgewählten und bearbeiteten A u f -
g a b e n entstammen den Publikationen zu Harmonielehre vor allem von Alfred Richter, Seydler / Dost,
August Wiltberger, Louis / Thuille, Piel / Manderscheid,
Hugo Riemann. Die zur Übung bereitgestellten L i e d -
m e l o d i e n entstammen im Original

> H. *Newsidler,* ein Newgeordnet
> Künstlich   Lautenbuch
> (1536)

> Der dritte theil *schöner lieblicher*
> *alter und neuer Liedlein*
> (1546)

> E. N. *Ammerbach's* deutscher Ta-
> bulatur (1571)

> H. L. *Haßler,* Lustgarten deut-
> scher Gesänge, Balletti,
> Gaillarden (1601)

A. Hammerschmied, Erster Theil weltlicher Oden oder Liebes Gesänge (1651)

Harsdörfer's Gesprächsspiele (1657)

A. Krieger's Arien (1667)

J. A. P. Schulz, Lieder im Volkston (1785)

Telemann's getreuer Musikmeister (1728)

Standfuß / Hiller, Oper "Die verwandelten Weiber oder der Teufel ist los" (1770)

(Ms. Ms.) Die musikalische Rüstkammer auf der Harfe (1719)

Aus folgenden Volksliedsammlungen des 19. Jahrhunderts können außerdem Melodien entnommen werden:

Büsching / v. d. Hagen, Sammlung deutscher Volkslieder (1807)

F. Tschischka / J. M. Schlottky, Österreichische Volkslieder (1819)

F. K. v. Erlach, Die Volkslieder der Deutschen. Eine vollständige Sammlung von der Mitte des 15. bis in die erste Hälfte des 19. Jahrhunderts (1834 - 1837) (R: Olms, 1969, 5 Bde. mit Register)

L. Erk / W. Irmer, Die deutschen Volkslieder mit ihren Singweisen (1838/45) (Potsdam 1938. R: Olms. Faks.-Druck, 2 Bde., mit einem Begleitheft v. Johannes Koepp), 13 Hefte, in 3 Bänden

A. *Kretzschmer* / A. W. v. *Zuccal-maglio*, Deutsche Volkslieder mit ihren Originalweisen. Nach handschriftlichen Quellen hrsg. u. mit Anmerkungen versehen von August Kretzschmer. Unter Mitwirkung (von) ... H. F. Maßmann, A. W. v. Zuccalmaglio u. mehrerer anderer Freunde der Volks-Poesie (1838 - 1840) (R: Olms 1969. 2 Bde.)

L. *Uhland*, Alte hoch- und niederdeutsche Volkslieder (1844/1855)

L. *Erk*, Deutscher Liederhort (1856)

F. M. *Böhme*, Altdeutsches Liederbuch. Volkslieder der Deutschen nach Wort und Weise aus dem 12. bis zum 17. Jahrhundert (1877) (R: Olms 1966)

L. Erk / F. M. Böhme, Deutscher Liederhort. Auswahl der vorzüglicheren deutschen Volkslieder nach Wort und Weise aus der Vorzeit und Gegenwart gesammelt u. erläutert, 3 Bde. (1893/1894) (R: Olms; Breitkopf & Härtel, 1963)

Der besseren Beherrschung des *Harmonisierens* kann des weiteren das G e n e r a l b a ß s p i e l e n dienen, u. a. anhand H. Riemanns "Handbuch des Generalbaßspiels" (Max Hesses illustrierte Handbücher, Bd. 10), H. Grabners "Generalbaßübungen" (Kistner & Siegel), W. Kolneders "Schule des Generalbaßspiels", Teil I Instrumentalmusik, Teil II Vokalmusik (Heinrichshofen's Verlag), eventuell noch das P a r t i m e n t o - S p i e l mit Lemacher / Schroeder, "Generalbaßübungen" (Musikverlag Schwann), ab S. 87.

MÜNCHENER BEITRÄGE ZUR AMERIKANISTIK

noch lieferbar:

7. ZELLER K. – Das Krokodil (Kaiman) in Vorstellungswelt und Darstellung südamerikanischer Indianer. 1983, 256 pp., 19 Karten, 48.–
9. SOIKA C. – Das Gürteltier in der Vorstellung südamerikanischer Indianer. 1982, 465 pp., 36.–
10. FAUST F.X. – Medizinische Anschauungen und Praktiken der Landbevölkerung im andinen Kolumbien. 1983, 297 pp., 32.–
12. FRANZ R. – Wirtschaft der Pueblo und Navajo. 1984, 338 pp., 42 Karten & Tab. 42.–
17. MARESSA J. – Maquiq, the Eskimo sweet Bath. 1986, 354 pp., 26 Ill. 48.–
19. GAREIS I. – Religiöse Spezialisten des zentralen Andengebietes zur Zeit der Inka und während der spanischen Kolonialherrschaft. 1987, 517 pp., Karte, 48.–
20. GIESE Claudius C. – 'Curanderos', traditionelle Heiler in Nord-Peru. 1989, ca. 360 pp., ill., 48.–
22. HELL Christina – Hirsch, Mais und Peyote in der Konzeption der Huichol. Ursprung & Transformation eines Symbol.Komplexes. 1988, 286 pp., 9 Ill., 44.–
23. FISSER A. – Wirtschaftliche und soziale Beziehungen zwischen den Tukano und Maku Nordwest-Amazoniens. 1988, 124 pp., 32.–
24. LUKSCHANDERL I. – Die Kraft zum Überleben. Die ethnische Identität der Amuesha-Frauen im peruanischen Amazonas-Gebiet. 1989, ca. 260 pp., ill. ca. 42.–
26. BREMEN Volker v. – Zwischen Anpassung und Aneignung. Zur Problematik von Wildbeuter-Gesellschaften im modernen Weltsystem am Beispiel der Ayoréode. 1991, 340 pp., Abb., Pläne, 52.–, ISBN 3-928112-56-2
27. FAUST Franz X. – Kultur und Naturschutz im kolumbianischen Zentralmassiv. Landschaftsempfinden, Landschaftsgestaltung und Ressourcennutzung bei den Coconuco- und Yanaconindianern in Kolumbien. 1993, 264 pp., 16 Abb., 4 Faltkarten, 52.–, ISBN 3-929115-02-6
28. KAPFHAMMER Wolfgang – Der Yurupari-Komplex in Nordwest-Amazonien. 1993, 340 pp., 64.–, ISBN 3-929115-10-7
29. DILTHEY Petra – Krankheit und Heilung im brasilianischen Spiritismus.1993, 252 pp., 28 Abb., 78.–, ISBN 3-929115-36-0
30. HOFER Florian – Der heisse Strom des kalten Wassers. Die Konzepte von heiß, kalt, Susto-Krankheiten sowie sakralen, bedrohlichen Orten und Erscheinungen in indioamerikanischen Weltbildern. 1995, 264 pp., 64.–, ISBN 3-929115-36-0
31. WÖRRLE Bernhard – Vom Kochen bis zum Schadenszauber. Das Salz bei Indianern und Mestizen Lateinamerikas. 1996, 184 pp., 45 Abb., 48.–, ISBN 3-929115-75-1
32. DREXLER, Josef – Die Zenú der kolumbianischen Karibikküste. Religions- und Weltbildkonzepte. 1998, 474 pp., 30 Abb., 78.–, ISBN 3-932965-03-5

LINTIG, Bettina v. – Die bildende Kunst der Bangwa. Werkstatt-Traditionen und Künstlerhandschriften. 1994, 292 pp., 64.– ISBN 3-929115-20-4

GRAMICH, Rudolf – Einführung in die mitteljavanische Gamelanmusik. Mit Notenbeispielen. 1995, 132 pp., 48.–, ISBN 3-929115-53-0

VÖLKERKUNDETAGUNG MÜNCHEN 1991

Bd. 1: Systematische Ethnologie – Entwicklungsethnologie, Ethnologie der Arbeit, Ethik, Film, Frauenforschung, Geschichte der Ethnologie; 452 pp., 78,–, ISBN 3-929115-39-5
Bd. 2: Regionale Ethnologie – Afrika, Asien, Europa, Mittel- und Südamerika; 1994, 302 pp., 66.–, ISBN 3-929115-40-9

GANESHA · SÜDASIEN SÜDOSTASIEN STUDIEN

1. KAMPFFMEYER Hanno – Die Langhäuser von Zentralkalimantan. Bericht einer Feldforschung. 1991, ca. 300 pp., Abb., Pläne, 42.– ISBN 3-928112-52-X
2. LAUBSCHER Matthias – Neue Ansätze zur Ethnologie Indiens. 1991/92, ISBN 3-928112-53-8
3. STRESEMANN Erwin – Tagebücher der II. Freiburger Molukken-Expedition 1910-1912. ISBN 3-928112-54-6 (voraussichtlicher Erscheinungstermin: Herbst 1998)
4. APPEL Michaela – Dewi Sri und die Kinder des Putut Jantaka. Beziehungen zwischen Mensch und Reis in Mythologie und Brauchtum auf Java und Bali. 1992, 150 pp., 15 Abb., 42.–, ISBN 3-928115-55-4
5. HEIDEMANN Frank – Kanganies in Sri Lanka and Malaysia. 1992, 155 pp., 38.– , ISBN 3-928112-63-5
6. PENNARZ Johanna – Mazu, Macht und Marktwirtschaft. Die religiöse Organisation im ökonomischen Wandlungsprozeß der ländlichen Gesellschaft Taiwans. 1993, 204 pp., 42.–, ISBN 3-929115-03-4
7. KUHNT-SAPTODEWO Sri – Zum Seelengeleit bei den Ngaju am Kahayan. 1993, 400 pp., 30 Abb., mit umfangreichem Anhang, 1996, 78.– , ISBN 3-929115-06-9
8. BOGNER Regina – Film Cerita di Indonesia. Der indonesische Spielfilm im kinematografischen und kulturpolitischen Kontext. 856 pp., 30 Abb., 78,– , ISBN 3-929115-77-8
9. ELSING, Evelyn – Die Veddah. Fragen und Antworten im Wandel der Jahrhunderte. 1997, 342 pp., 78.– ISBN 3-929115-87-5
10. WACKERS, Patrizia – Lebendiger Kosmos. Weltdeutung und Wirklichkeitsverständnis in Nordlio/Flores. 1997, 320 pp., 34 Abb., DM 78,–, ISBN 3-932965-02-7
11. DOSSI Beatrice – Samen, Seele, Blut. Die Zeugungstheorien des alten Indiens. 1998, 176 pp., 64,–, ISBN 3-932965-05-01

MÜNCHENER ETHNOLOGISCHE ABHANDLUNGEN

9. GAREIS Sigrid – Exotik in München. Museumsethnologische Konzeptionen im historischen Wandel. 1991, 188 pp., 42.–, ISBN 3-928112-50-3
11. ASCHENBRENNER-WELLMANN Beate – Ethnizität in Tansania. 1991, 236 pp., 46.–, ISBN 3-928112-57-0
12. DREXLER Josef – Die Illusion des Opfers. Ein wissenschaftlicher Überblick über die wichtigsten Opfertheorien ausgehend vom deleuzianischen Polyperspektivismus-Modell. 1993, 350 pp., 64.–, ISBN 3-929115-13-1
13. EISENHOFER Stefan – Höfische Elfenbeinschnitzerei im Reich Benin. Kontinuität oder Kontinuitätspostulat? 1993, 212 pp., 48.–, ISBN 3-929115-34-4
14. BRAUN Jürgen – Eine deutsche Karriere. Die Biographie des Ethnologen Hermann Baumann (1902-1972). 1995, 148 pp., 48.–, ISBN 3-929115-50-6
15. VALJAVEC Friedrich – Émile Durkheim. Voraussetzungen und Wirkungen. Erster Band: Kultursoziologie. 1995; verbesserte und aktualisierte Neuausgabe 1996, 328 pp., 64.–, ISBN 3-929115-81-6
16. DREHER Katja – Die Arbeitsgemeinschaft indigene Völker bei der UNO. Partnerschaft oder Konfrontation? 1995, 112 pp., 48.–, ISBN 3-929115-64-4
17. BISTRICH Andrea – Maitreya: "I come to change all things". Eine moderne Heilserwartung im interkulturellen Vergleich. 1996, 142 pp., 6 Abb., 35.–, ISBN 3-929115-76-X
18. GRIESSENBECK Amelie von – Kulturfaktor Emotion. Zur Bedeutung von Emotion für das Verhältnis von Individuum, Gesellschaft und Kultur. 1997, 112 pp., 38.–, ISBN 3-929115-98-0
19. GÖLTHENBOTH, Natalie – Vom Schmerzraum zum Fest. Kulturelle Kreativität am Beispiel der Madonna dell´ Arco in Neapel. 1998, 178 pp., 44 Abb., 48,–, ISBN 3-932965-01-9
20. ÖHRIG, Brunno – Meinungen und Materialien zur Geschichte der Karakeçili Anatoliens. 1998, 358 pp., 2 Abb., 78,–, ISBN 3-932965-10-8

Akademischer Verlag München

Paul-Heyse-Str. 31a · 80336 München · Fon 089/51616151 · Fax 089/51616199